BEI GRIN MACHT SICH IHR
WISSEN BEZAHLT

- Wir veröffentlichen Ihre Hausarbeit,
  Bachelor- und Masterarbeit

- Ihr eigenes eBook und Buch -
  weltweit in allen wichtigen Shops

- Verdienen Sie an jedem Verkauf

Jetzt bei www.GRIN.com hochladen
und kostenlos publizieren

Bibliografische Information der Deutschen Nationalbibliothek:

Die Deutsche Bibliothek verzeichnet diese Publikation in der Deutschen National-bibliografie; detaillierte bibliografische Daten sind im Internet über http://dnb.d-nb.de/ abrufbar.

Impressum:

Copyright © 2018 GRIN Verlag
Druck und Bindung: Books on Demand GmbH, Norderstedt Germany
ISBN: 9783668787698

Dieses Buch bei GRIN:

https://www.grin.com/document/438752

Neil Laeddho

Nahrungsmittel im alten Island

Über vorhandene Lebensmittel, Alkohol und deren Beschaffung

GRIN Verlag

GRIN - Your knowledge has value

Der GRIN Verlag publiziert seit 1998 wissenschaftliche Arbeiten von Studenten, Hochschullehrern und anderen Akademikern als eBook und gedrucktes Buch. Die Verlagswebsite www.grin.com ist die ideale Plattform zur Veröffentlichung von Hausarbeiten, Abschlussarbeiten, wissenschaftlichen Aufsätzen, Dissertationen und Fachbüchern.

Besuchen Sie uns im Internet:

http://www.grin.com/

http://www.facebook.com/grincom

http://www.twitter.com/grin_com

Bachelorarbeit

Nahrungsmittel im alten Island

Über vorhandene Lebensmittel, Alkohol

und deren Beschaffung

Inhaltsverzeichnis

1. Vorwort

Die Besiedlung Islands wird auf die Jahre 870 bis 930 datiert und fand durch norwegische Bauern statt. Mit ihnen kam natürlich auch die norwegisch bäuerliche Kultur nach Island, wodurch sich schließlich das frühe isländische Leben vor allem als ein Bauernleben, das jenem in Norwegen ähnelte, darstellt.

Diese Arbeit wird sich mit den Nahrungsmitteln des alten Islands beschäftigen. Damit ist jenes Island der Sagazeit, aber auch jenes zur Zeit der Entstehung des isländischen Gesetzestextes, der Grágás, gemeint. Denn sowohl die Sagas als auch der Gesetzestext geben Einblick in die damalig vorhandenen Nahrungsmittel. Aber auch in der Edda werden Hinweise gegeben, welche Nahrungsmittel die alten Isländer bereits gehabt haben könnten.

Das Bestreben dieser Arbeit liegt also darin, aufzuzeigen, welche Nahrungsmittel die alten Isländer kannten und verzehrten. So aßen sie natürlich Fleisch, wie etwa jenes von Schweinen und Kühen, oder von Bären und Seehunden, aber auch Geflügel, wie etwa Schneehühner. Auch Fisch war reichlich vorhanden und diente zum Verzehr, wie etwa Lachs oder auch Wale, die die alten Isländer zu den Fischen zählten. Über Fleisch und Fisch wird in den zuvor angegebenen Quellen reichlich berichtet. Nicht so reich an Quellen, aber dennoch vorhanden, sind Stellen mit Angaben von Brot und Milchprodukten wie Skyr und Käse. Noch spärlicher sind Berichte über pflanzliche Nahrungsmittel, doch auch hierzu sind Textstellen vorhanden, die etwa darauf hinweisen, dass es Lauch gegeben haben dürfte. Im Zuge der Aufarbeitung von Nahrungsmitteln sollen auch Genussmittel in Form von alkoholischen Getränken kurz erläutert werden. So kannte man im damaligen Island etwa Bier, Met oder Wein. Vor allem in der Edda wird von diesen alkoholischen Getränken berichtet. Hier sei nun zu beachten, dass die Erläuterung von Met und Wein in dieser Arbeit ausschließlich eine literarische auf Basis der Edda sein wird.

In der Folge wird diese Arbeit also jene erwähnten Nahrungsmittel näher beleuchten und mit wichtigen Textstellen belegen. Außerdem werden auch die drei wichtigsten Säulen der Nahrungsmittelbeschaffung in Form von Viehzucht, Jagd und Fischfang ausführlich besprochen. Daneben sind auch die drei kleineren, aber dennoch ebenfalls wichtigen Arten der Nahrungsmittelbeschaffung, nämlich Ackerbau, Sammeln und Import, zu erwähnen. Wichtig wird schließlich auch noch sein, anhand des Gesetzestextes herauszustreichen, welche Nahrungsmittel gestattet waren – dies bezieht sich vor allem auf Fleisch und Geflügel, aber auch auf Eier – und welche strafbar waren.

2. Nahrungsmittel

Wie einleitend erwähnt kannten die Menschen des vergangenen Islands verschiedene Arten von Fleisch, Fisch, Geflügel, Eiern, Milchprodukten und Brot. Pflanzliche Nahrungsmittel wurden ebenso verzehrt, wie auch Alkohol getrunken wurde. In der Folge sollen nun die verschiedenen Arten an vorhandenen Nahrungsmitteln mit Hilfe einiger Textpassagen aus verschiedenen Sagas, der Edda und dem altisländischen Gesetzestext, der Grágás, beleuchtet werden. So wird etwa im 29. Kapitel der Egils saga eine große Zahl wichtiger Nahrungsmittel abgedeckt, die bereits einleitend erwähnt wurden. Denn so wird an jener Stelle vom tüchtigen Egil berichtet, der gerade in Island angekommen war und seine Gehöfte je dort aufbaute, wo es sich wirtschaftlich lohnte. Wirtschaftlich lohnende Orte waren schließlich jene, an denen es nicht schwer war, an Nahrungsmittel zu kommen. Im Zuge dessen wird davon berichtet, dass er ein Gehöft errichtete, in dessen Nähe unter anderem Seehundjagd und Eiersuchen möglich waren. Vom selben Gehöft aus war es auch nicht weit, um Wale zu jagen. Egil errichtete aber auch ein Gehöft dort, wo es sogar im alten Island möglich war, Getreide in Form von Hafer anzubauen.[1] Zu guter Letzt folgte noch ein Gehöft, in dessen Nähe es reichlich Lachs gab, den man fangen und anschließend verzehren konnte.[2]

2.1 Fleisch

Fleisch dürfte wohl neben Fisch das wichtigste Nahrungsmittel im vergangenen Island gewesen sein, schließlich wird es in diversen Texten immer wieder erwähnt. So finden sich Stellen in Sagas, aber auch in der Edda, die Fleisch wie auch Speck und Schinken als damalig bekannte Nahrungsmittel darlegen. Hier sei vor allem die Rigsþula, oder auch Rígsmál genannt. In jener ist in der vierten Strophe von gekochtem Kalbsfleisch die Rede: *Soð var í bolla, // setti á bióð; // var kálfr soðinn, // krása beztr.*[3] ‚Brühe war in den Schüsseln, die sie auf den Tisch stellte; darin war Kalb, Brühe mit besten Köstlichkeiten.‘

Anschließend wird in der 32. Strophe der Rigsþula angegeben, dass neben gebratenen Vögeln auch Speck aufgetischt wurde. Dies weist schließlich darauf hin, dass man zur damaligen Zeit auf Island durchaus Speck genossen haben dürfte. *Fram setti hon // scutla fulla, // silfri varða, // setti á bióð, // fán oc flesci // oc fugla steicta.*[4] ‚Weiter stellte sie angefüllte Schalen

---

[1] Vgl. Egils saga Skalla-Grímssonar, ed. Sigurður Nordal (= Íslenzk fornrit 2; Reykjavik 1933), 75.
[2] Vgl. Ebd., 76.
[3] Edda. Die Lieder des Codex Regius nebst verwandten Denkmälern, ed. Gustav Neckel / Hans Kuhn (Heidelberg [5]1983), 280.
[4] Ebd., 284.

zusammen, entstanden aus Silber, die stellte sie auf den Tisch, mit Leckerbissen und Speck und gebratenen Vögeln.'

Hier muss aber natürlich bedacht werden, dass es sich bei dieser Quelle um die Edda handelt. Da es aber auf Island genug Fleisch gab, mit dem die Herstellung von Speck möglich gewesen wäre, ist davon auszugehen, dass er auch tatsächlich hergestellt wurde. Neben Speck dürfte es damals auch bereits Schinken gegeben haben. Eine Stelle, die dies offenlegt, findet man in der 67. Strophe der Hávamál, in der von zwei hängenden Schinken die Rede ist. *Eða tvau lær // hengi at ins tryggva vinar, // þars ec hafða eitt etið.*[5] ‚Und zwei Schinken hingen beim treuen Freund, dort wo ich einen gegessen hatte.'

Die wohl wichtigste, beziehungsweise übersichtlichste Quelle für den Beleg von Fleisch als Nahrungsmittel ist der altisländische Gesetzestext. Denn in diesem wird das Fleisch in erlaubtes und verbotenes kategorisiert und gibt somit einen Einblick in den Verzehr von Fleisch. Außerdem weist diese Stelle darauf hin, welche Tiere von den Bauern wohl gehalten wurden, und welche auf der Insel wohl gejagt wurden.

2.1.1 Erlaubtes Fleisch

Zum erlaubten Fleisch gehörte im vergangenen Island nach dem altisländischen Gesetzestext zum einen bestimmtes Vieh des Bauern. So sind hier Rinder, Schafe, Ziegen und Schweine zu nennen. Diese Auflistung ist im 16. Kapitel der Konungsbók der Grágás, das sich mit der Fastenzeit und den zu dieser Zeit erlaubten Nahrungsmitteln beschäftigt, zu finden.[6] So wird es dort wie folgt beschrieben: *Þat er kiot er men lata af navt eþa fær sauði. oc geitr. oc svin.*[7] ‚Das ist Fleisch, das abzulassen von Rind oder du darbringst von Schafen, und Ziegen und Schweinen.'

Eine Stelle, in der explizit vom Verzehr von Schweinefleisch die Rede ist, findet sich etwa im 44. Kapitel der Vatnsdœla saga. Denn hier verlangt Glœðir von Þorkel, dass er Schweinefleisch zubereite. Als dies geschah, meinte Glœðir: *Ok munu vér skulu nú njóta hans galta.*[8] ‚Und werden wir nun des Ebers genießen wollen.'

Neben diesen gehaltenen Tieren durfte auch das Fleisch von einigen Wildtieren verzehrt werden. So zählte das Fleisch von Bären, von Hirschen und Rentieren, aber auch das von

---

[5] Edda, ed. Neckel / Kuhn, 27.
[6] Vgl. Grágás. Islændernes lovbog i fristatens tid, I.-II. [Konungsbók], ed. Vilhjálmur Finsen (Kopenhagen/Odense 21974), I., 33-35.
7 Ebd., 34.
[8] Vatnsdœla saga. Hallfreðar saga, Kormáks saga. Hrómundar Þáttr Halta, Hrafns Þáttr Guðrúnarsonar, ed. Einar Sveinsson (= Íslenzk fornrit 8; Rykjavik 1939), 117f.

5

Walrossen und Seehunden zu dem zum Verzehr gestatteten Fleisch. Auch diese Auskunft geht auf das 16. Kapitel der Grágás zurück.

> *Biorn eigv meɴ at veiþa oc nýta hvart sem er viþbiorn eþa hvitabiorn. oc ravð dýre. hiort oc hrein. [...] Rosm hval oc sel scal eta a þeim tiðum at eins er kiot ætt er.*[9] ‚Bär ist man berechtigt zu jagen und zu genießen, welchen auch immer, den Waldbären oder Eisbären, und Rotwild, Hirsch und Rentier. Walross und Seehund kann man essen zu den Zeiten, wenn Fleisch essbar ist.'

Diese Passage gibt nicht nur Aufschluss darüber, welches Fleisch gegessen werden durfte, sondern folglich auch, welche Tiere es im alten Island bereits gab, und dass auch gejagt wurde. Weiter unten wird dazu noch ausführlicher über die Nahrungsbeschaffung und im Zuge dessen auch über die Jagd berichtet.

Jedoch hat es wohl nicht alle hier erwähnten Tiere zu jener Zeit bereits auf Island gegeben. In den Ausführungen von Mohr, der in seinem Werk 1786 die Tierwelt auf Island untersuchte, wird davon berichtet, dass Rentiere ein paar Jahre zuvor – vom Ausgangspunkt seiner Untersuchungen – aus Finnmark nach Island gebracht wurden.[10] Außerdem werden in seinem Werk unter der Klassifizierung der Säugetiere alle weiteren zuvor erwähnten aufgelistet, die den Bewohnern des vergangenen Islands als Fleisch zum Verzehr gedient haben, bis auf den Hirsch.[11] Dies weist also daraufhin, dass es sowohl keine Rentiere als auch Hirsche im vergangenen Island gegeben haben dürfte, und dieses Fleisch demnach importiert werden musste. Aber auch Bären waren auf Island eher selten anzutreffen, schließlich kamen diese bloß gelegentlich auf Eisschollen von Grönland aus nach Island.[12]

2.1.2 Verbotenes Fleisch

Aber nicht alle Tiere waren zum Verzehr gedacht. Denn in weiterer Folge findet sich an derselben Stelle der Grágás eine Auflistung von Tieren, deren Fleisch nicht gegessen werden durfte. Wie die folgende Textpassage zeigen wird, waren demnach der Verzehr von Pferd, Hund, Fuchs, Katze und anderer Klauentiere untersagt. *Ros eigv meɴ eigi at eta oc hvnda. oc*

---

[9] Grágás, ed. Finsen, I., 34.
[10] Vgl. Mohr, N: Forsøg til en Islandsk Naturhistorie, med adskillige oekonomiske samt andre Anmerkninger (Kopenhagen 1786), 8.
[11] Vgl. Ebd., 1-17.
[12] Vgl. Kirsten Hastrup, Nature and Policy in Iceland 1400-1800. An Anthropological Analysis of History and Mentality (Oxford 1990), 250.

melrạcca. oc kottv. oc en engi kló dýr.oc eigi.[13] ,Pferd ist man nicht berechtigt zu essen und der Hunde, und der Füchse, und der Katzen, und ferner kein Klauentier.'

Nichtsdestotrotz dürfte der Konsum von Pferdefleisch im vergangenen Island stattgefunden haben und erst durch die Christianisierung abgeschafft worden sein.[14] Dieses Verbot des Verzehrs von Pferdefleisch dürfte aber nicht mit der Einführung des Christentums im Jahre 1000 völlig ausgelöscht worden sein, sondern ist wohl mit der Zeit allmählich immer weiter zurückgegangen.[15]

Eine Stelle in den Sagas, die noch auf den Verzehr von Pferdefleisch hindeutet, findet sich im 18. Kapitel der Eyrbyggja saga. An jener Stelle ist von einem Mann namens Þorbjǫrn die Rede, der seine Pferde sucht, um sie anschließend zu schlachten.[16]

Diese Passage zeigt schließlich auf, dass zu jener Zeit, in der die Saga spielt, wohl Pferdefleisch gegessen wurde. Auch wenn dies nicht explizit an dieser Stelle angegeben wird, so weist das Schlachten selbst bereits darauf hin, dass dies der Fall gewesen sein dürfte. Außerdem gibt es archäologische Funde von Pferdeknochen, die Bearbeitungsspuren aufweisen und auf eine Schlachtung und den anschließenden Verzehr von Pferden hindeuten. Derartige Knochenfunde lassen sich bis in die Mitte des 12. Jahrhunderts datieren[17], also noch etwa 150 Jahre nach der Einführung des Christentums. Das zeigt also, dass das Verbot, Pferdefleisch zu essen, nur langsam auch tatsächlich übernommen wurde, obwohl hohe Strafen darauf waren, verbotene Nahrung zu essen.

Isst nun jemand verbotenes Fleisch, beziehungsweise setzt eine Person einer anderen jenes bewusst vor, ohne dass es diese weiß, so stehen in beiden Fällen Lebensringzaun für den, der dieses Verbot mit Absicht missachtet. Das heißt derjenige, der verbotenes Fleisch ohne Wissen gegessen hatte, wurde nicht mit dem Lebensringzaun bestraft, sondern bloß der, der durch das wissentliche Vorsetzen einer verbotenen Speise den anderen verhöhnte. Dies geht ebenfalls aus dem 16. Kapitel der Grágás hervor.[18]

---

[13] Grágás, ed. Finsen, I., 34.

[14] Vgl. Preben Meulengracht Sørensen, Social institutions and belief systems of medieval Iceland (c. 870-1400) and their relations to literary production. In: Old Icelandic Literature and Society, ed. Margaret Clunies Ross (= Cambridge studies in medieval literature 42; Cambridge 2000), 20.

[15] Die Saga von den Leuten auf Eyr. Eyrbyggja saga, ed. Klaus Böldl (= Saga. Bibliothek der altnordischen Literatur - Literatur und Geschichte; München 1999), 161f.

[16] Vgl. Eyrbyggja saga. Brands þáttr Ǫrva. Eiríks Saga Rauða. Grœnlendinga Saga. Grœnlendinga þáttr, ed. Einar Sveinsson / Matthías Þórðarson (= Íslenzk fornrit 4; Reykjavik 1935), 33f.

[17] Vgl. Lena Rohrbach, Der tierische Blick. Mensch-Tier-Relationen in der Sagaliteratur (= Beiträge zur Nordischen Philologie 43; Tübingen und Basel 2009), 37.

[18] Vgl. Grágás, ed. Finsen, I., 34f.

2.1.3. Umgang mit „speziellem" Fleisch

In der Grágás findet sich aber nicht nur die Erwähnung von Tieren, die gegessen werden durften oder nicht, sondern auch Gesetze für „spezielles" Fleisch. Damit sei zunächst jenes Gesetz erwähnt, wie mit einem Schwein umzugehen sei, das verbotenes Fleisch, im Konkreten Pferde- oder Menschenfleisch, gefressen hat. So heißt es im 16. Kapitel der Grágás:

> *Ef svín kemr a ros kiot oc scal hann ala .ijj. manvþr oc fella holld af. eɴ feita aþra. iij.*
> *Ef svín kemr a manz hrœ. oc scal ala .vi. manvþr. oc fella holld af.*[19] ‚Wenn ein Schwein
> über Pferdefleisch kommt, soll er es drei Monate so nähren, dass es vom Fleisch fällt,
> und fett machen die nächsten drei. Wenn ein Schwein über eine Menschenleiche
> kommt, soll es sechs Monate so ernährt werden, dass es vom Fleisch fällt.'

Aus diesem Gesetz geht hervor, dass es also dem Menschen nicht gestattet war, derartiges Fleisch, das quasi durch Pferde- oder Menschenfleisch verunreinigt wurde, zu essen. Erst musste das Tier sein ganzes Fett verlieren – also das verbotene Fleisch abbauen – um selbst wieder genießbar zu werden und zum Verzehr gestattet zu sein.

Zum anderen ist auch ein Gesetz zum Genuss vom Fleisch verunfallter Tiere zu erörtern. So durften verunfallte Tiere verzehrt werden, jedoch musste man wissen, was mit dem Tier geschehen war, andernfalls war der Verzehr dieses Tieres verboten. Dieses Gesetz ist ebenfalls im 16. Kapitel der Grágás zu finden. *Kvikfe eigv meɴ at nyta. þat er sialfir lata af. þo er rett at nyta þott eigi lati sialfir af. ef maþr veit hvat verþr.*[20] ‚Viehbestand ist man berechtigt zu genießen, das man selbst ablässt. Außerdem Recht ist zu genießen, selbst wenn nicht von selbst abgelassen, wenn man weiß was dem Essen geschehen ist'

Zusammengefasst bedeutet dies also, dass man nur, wenn man die Todesursache des verunfallten Tieres kannte, auch das Fleisch dessen genießen durfte.

2.2 Fisch

Neben der starken Präsenz von Fleisch galt auch Fisch im vergangenen Island als eines der wesentlichsten Nahrungsmittel. Zu Beginn der Besiedlung etwa bis 950 spielte er, neben Vögeln, sogar eine wichtigere Rolle als das Fleisch.[21] Grund dafür könnte der Viehbestand sein,

---

[19] Grágás, ed. Finsen, I. 34.
[20] Ebd., 34.
[21] Vgl. Rohrbach, Der tierische Blick, 36.

der sich aus dem mitgebrachten Vieh erst derart vergrößern musste, dass das Schlachten, ohne dass vorhandener Bestand gefährdet wurde, möglich war.[22]

Wie bereits weiter oben erwähnt, ist gerade der Verzehr von Fisch allgegenwärtig in der Literatur des alten Islands. Auch Fisch- und Walfang sind reichlich belegt, wie weiter unten noch ausführlicher berichtet wird. In der Laxdœla saga wird zum Beispiel im zweiten Kapitel vom Fischreichtum Islands berichtet. So erzählen zwei Männer, dass sie gehört haben, man könne auf Island jederzeit fischen und es sollen dort viele Wale ans Land treiben. So heißt es in jener Stelle: *Kǫlluðu vera hvalrétt mikinn ok laxveiðar, en fiskastǫð ǫllum missarum.*[23] ‚Es wird gesagt, dass sehr viel Waltrift und Lachsfang vorhanden ist, und ein Platz zum Fischen in allen Halbjahren.‘

Generell dürfte auch viel Dörrfisch, unter anderem aus Dorsch hergestellt, gegessen worden sein. Eine Textstelle, die dies untermauert, findet man im 42. Kapitel der Grettis saga. In jener Passage heißt es nämlich, dass eine derart große Menge an Dörrfisch gekauft wurde, dass die Käufer sieben Pferde zum Transportieren benötigten. *Keyptu þar skreið mikla, ok báru á sjau hestum.*[24] ‚Er kaufte dort viel Dorsch, der von sieben Pferden befördert wurde.‘ Der Vorteil von Dörrfisch lag schließlich darin, dass er länger haltbar war als der gewöhnliche, unbearbeitete Fisch und konnte deshalb auch in großen Mengen gekauft werden.

In der Eyrbyggja saga etwa wird im 52. Kapitel von der Lagerung von Dörrfisch berichtet. Denn hier wird er in einem von zwei Verschlägen an der Türwand im Küchenraum gelagert.[25]

Neben Fisch war auch der Wal ein sehr wichtiges Nahrungsmittel. Wie bereits einleitend erwähnt, zählte er im damaligen Island zu den Fischen und galt daher folglich nicht als Fleisch. Daher durfte er schließlich auch, bis auf zwei Ausnahmen, dem Narwal und Rotkammwal, zur Fastenzeit gegessen werden, wie der folgende Textausschnitt aus dem 17. Kapitel des altisländischen Gesetzestextes herausstreicht. *Þat er maþr oc eta. ef hann fastar. fiska allz kyns. oc hvala. [...] Ros hval scal eigi eta. oc ná hval. oc ravþ kembing.*[26] ‚Das ist Speise und zu essen, wenn er fastet: Fische jeder Art, auch Wale. Walross soll man nicht essen, und Narwal, und Rotkammwal.‘

Generell finden sich im Gesetzestext einige Stellen, die den Wal als wichtiges Nahrungsmittel darlegen. So gab es bestimmte Gesetze die besagen, wie es zu klären sei, wenn ein Wal

---

[22] Vgl. Orri Vésteinsson / Thomas H. McGovern / Christian Keller, Enduring Impacts: Social and environmental Aspects of Viking Age Settlement in Iceland and Greenland. In: Archaeologica Islandica 2 (2002), 118.
[23] Laxdœla saga. Halldórs Þættir Snorrasonar. Stúfs Þáttr, ed. Einar Sveinsson (= Íslenzk fornrit 5; Reykjavik 1934), 5.
[24] Grettis saga, ed. Valdimar Ásmundarson (= Íslendinga sögur 28; Reykjavik 1900), 130.
[25] Vgl. Eyrbyggja saga, ed. Sveinsson / Þórðarson, 145.
[26] Grágás, ed. Finsen, I., 36.

strandet, mit einem Geschoss erlegt wurde oder mit einem Geschoss gestrandet war. Auf diese Passagen wird in dieser Arbeit aber erst weiter unten eingegangen, wenn der Nahrungsmittelerwerb erläutert wird.

2.3 Geflügel und Eier

Auch Vögel und Eier zählen zu wichtigen und dokumentierten Nahrungsmitteln des vergangenen Islands. Speziell Geflügel spielte zu Beginn der Besiedelung auf Island neben Fisch, wie zuvor schon berichtet, eine wichtige Rolle, da sich der Viehbestand erst ausreichend vermehren musste.

Wie bereits weiter oben berichtet, findet sich im 29. Kapitel der Egils saga eine Stelle, an der erzählt wird, dass Egil dort ein Gehöft errichtete, von dem aus er neben der Seehundjagd auch in der Nähe Eiersammeln konnte. In der Rígsþula zum Beispiel wird in der bereits angegebenen 32. Strophe davon berichtet, dass sich neben Speck auch gebratene Vögel in den Schüsseln befinden.

Aber nicht alle Vögel durften verspeist werden. Im Gesetzestext wird beschrieben, dass nur die Vögel zu essen sind, die auf dem Wasser schwimmen, aber keine Greif- und Aasvögel. Neben den auf dem Wasser schwimmenden Vögeln durften aber auch Hühner und Schneehühner, jedoch zum Beispiel keine Adler, Falken, Habichte oder Raben verzehrt werden, wie dies im 16. Kapitel der Grágás beschrieben wird. *Klö fogla scolo meɴ eigi nýta. þa er hræ klo er á. Örnv oc hrafna eþa vali. eþa smyrla. rett er at eta høsn oc rivpur.*[27] ‚Klauenvögel soll man nicht genießen, die, die mit Kadaverklaue sind: Adler und Raben oder Falken, oder Habichte. Recht ist es Hühner und Schneehühner zu essen.'

Dasselbe Gesetz galt auch für den Eierverzehr. Denn so durfte man nur die Eier genießen, die von den Vögeln gelegt wurden, die selbst auch zu verspeisen waren. Auch dies geht wiederum aus dem 16. Kapitel der Grágás hervor.[28]

Konkret bedeutet dies also, dass Aas- und Raubvögel nicht verzehrt werden durften, schwimmende Vögel sowie auch Hühner und Schneehühner hingegen schon. Dasselbe galt schließlich auch für deren Eier, da nur die gegessen werden durften, die von den Vögeln sind, die selbst zum Verzehr gestattet waren.

---

[27] Grágás, ed. Finsen, I., 34.
[28] Vgl. Ebd.

2.4 Milchprodukte

Da die Bewohner des alten Islands nicht nur Jäger waren, sondern vor allem Bauern und demnach Vieh hielten, genossen sie auch Milch und Milchprodukte. So gibt es einige Belege vor allem in verschiedenen Sagas, die dies offen legen. So verzehrten sie nicht bloß Milch, sondern auch Käse oder Skyr, eine „quarkähnliche Speise, die man dadurch gewinnt, daß man von der mit Labferment gesäuerten Milch die Molke abseiht."[29] Wobei das Skyr, das zur Zeit des alten Islands verspeist wurde, nach Böldl noch Molke enthalten haben dürfte.[30]

2.4.1 Milch

Es lassen sich in den Sagas verschiedenste Hinweise auf den Verzehr von Milch finden. So wird unter anderem im 63. Kapitel der Eyrbyggja saga von einem jungen Stier, der Glæsir heißt, berichtet, der sich bei den Milchkühen auf einem Melkplatz aufhält.

> *Hann var jafnan heima með kúneytum; ok hvert sinn er Þóroddr kom á stǫðul, gekk Glæsir at honum ok daunsnaði um hann ok sleikði um klæði hans, en Þóroddr klappaði um hann.*[31] ,Er [Der Stier Glæsir, Anm. D.H.] war stets zu Hause mit den Nutzrindern; und jedes Mal, wenn Þóroddr zum Melkplatz kam, ging Glæsir zu ihm und schnüffelte um ihn herum und leckte über dessen Kleidung, und Þóroddr tätschelte ihn.'

Natürlich wurden nicht nur Kühe gemolken. So geht etwa aus dem 152. Kapitel der Grágás hervor, dass die Frau, sofern sie ihr Geld in die Wirtschaft steckte, berechtigt war, das Kleinvieh, also Schafe und Ziegen, zu melken. Wie es die folgende Passage belegt: *Þa a hon at raða bv ráðom fyrir iꞥan stocc. ef hon vill oc smala nyt.*[32] ,Heran darf sie dann demgemäß über den Haushalt innerhalb des Hauses bestimmen, wenn sie will, und Kleinvieh melken.'

Dabei wurde die Milch nicht immer kalt getrunken, wie dies aus dem elften Kapitel der Ljósvetninga saga hervorgeht. Denn hier wird davon berichtet, dass Gudmunðr zum Essen eine heiße Milch erhielt.[33]

Milch wurde im alten Island demnach also von den verschiedenen Nutztieren, die die Bewohner hatten, wie eben Kühe, Schafe und Ziegen, verzehrt. Daneben wurde die Milch nicht immer kalt getrunken, sondern dürfte auch erwärmt worden sein.

---

[29] Die Saga von den Leuten auf Eyr, ed. Böldl, 172.
[30] Vgl. Ebd.
[31] Eyrbyggja saga, ed. Sveinsson / Þórðarson, 172.
[32] Grágás, ed. Finsen, II., 44.
[33] Vgl. Ljósvetninga saga. Með þáttum. Reykdœla saga ok Víga-Skútu. Hreidars þáttr, ed. Björn Sigfússon (= Íslenzk fornrit 10; Reykjavik 1940), 61.

2.4.2 Käse und Skyr

Wie bereits einführend erwähnt handelt es sich bei Skyr um eine quarkähnliche Speise. Skyr galt nach Böldl als einfaches Essen, das bloß dann den Gästen angeboten wurde, wenn nichts besseres im Haus war.[34] Eine Stelle, die dies belegt, findet sich im 43. Kapitel der Egils saga. Dabei ist Egil mit Ǫlvir und dessen Leuten auf einem Schiff unterwegs und gelangt aufgrund von anhaltenden Stürmen auf die norwegische Insel Atleyjar, wo sie schließlich bei Bárd Speis und Trank bekommen. Es handelt sich um einfache Speisen wie Brot und Butter, aber eben auch Skyr.[35] In der Folge entschuldigt sich der Gastgeber für die einfache Speise mit folgenden Worten: *Harmr er þat nú mikill, er ǫl er ekki inni, þat er ek mega yðr fagna sem ek vilda; verði þér nú at bjargask við slíkt, sem til er.*[36] ‚Harm ist nun groß, weil Bier nicht im Haus ist, womit ich euch willkommen heißen vermöge wie ich wollte. Ihr müsst euch nun mit dergleichen bewahren, wie herbei ist.'

Diese Stelle zeigt, auch wenn sie in Norwegen spielt, dass Skyr wohl tatsächlich als einfache Speise galt. Aber dennoch dürfte es wohl ein wichtiges Nahrungsmittel sein. So sind etwa eigene Vorratsräume für Skyr, die sogenannte *skyrbúr*, belegt. Diese Vorratsräume kommen namentlich nur in der Sturlungensaga vor. Sie werden aber nicht nur in dieser Saga erwähnt, sondern sind auch archäologisch für den Zeitraum des 13., 14. Jahrhunderts bewiesen. Derartige Vorratsräume zeichnen sich dadurch aus, dass zwei bis drei große Vorratsfässer, die in die Erde gegraben wurden, vorhanden waren. Da Skyr noch bis in das 20. Jahrhundert ähnlich gelagert wurde und die archäologischen Funde einiger Vorratsräume die typischen kreisrunden Bodeneindrücke aufweisen, lässt sich eine solche *skyrbúr* schließlich archäologisch nachweisen.[37]

Eine weitere Passage, in der Skyr und auch Käse auf Island verzehrt wird, ist im 45. Kapitel der Eyrbyggja saga zu finden. *Snorri Þorbrandsson var hressastr þeira brœðra ok sat undir borði hjá nafna sínum um kveldit, ok hǫfðu þeir skyr ok ost.*[38] ‚Snorri Þorbrandsson war der frischeste der Brüder und saß am Abend bei Tisch neben seinem Namensvetter, und sie hatten Skyr und Käse.'

---

[34] Vgl. Die Saga von den Leuten aus Eyr, ed. Böldl, 172.
[35] Vgl. Egils saga, ed. Nordal, 107.
[36] Ebd.
[37] Vgl. Cornelia Weinmann, Haus und Hof auf Island in der Wikingerzeit und im Mittelalter (literarische und archäologische Quellen). In: Haus und Hof in ur- und frühgeschichtlicher Zeit. Bericht über zwei Koloquien der Kommission für die Altertumskunde Mittel- und Nordeuropas vom 24. bis 26. Mai 1990 und 20. bis 22. November 1991 (34. und 35. Arbeitstagung). Gedenkschrift für Herbert Jankuhn, ed. Heinrich Beck / Heiko Steuer (= Abhandlungen der Akademie der Wissenschaften in Göttingen. Philologisch-Historische Klasse, dritte Folge 218; Göttingen 1997) 493f.
[38] Eyrbyggja saga, ed. Sveinsson / Þórðarson, 130.

Die Bewohner des vergangenen Islands produzierten aber nicht nur Milchprodukte in Form von Käse oder Skyr. Daneben ist nämlich etwa auch die Herstellung von saurer Milch und Butter bekannt.[39]

2.5 Brot, Getreide und Mehl

Neben Produkten, die aus der Viehhaltung resultierten, gab es auf Island auch welche, die aus dem Ackerbau hervorgingen. So ist etwa im einleitend erwähnten 29. Kapitel der Egils saga davon die Rede, dass Egil ein drittes Gehöft dort gebaut hat, von wo aus es möglich war, Hafer anzusäen. *Ok þar lét hann hafa sœði ok kalla at Qkrum.*[40] ‚Und dort ließ er Hafer säen und nannte es entsprechend Qkrum.'

Diese Stelle deutet darauf hin, dass Getreide im vergangenen Island angebaut werden konnte. Generell war es im Westen und Süden des Landes nicht außergewöhnlich, Getreide anzubauen, im Norden und Osten hingegen dürfte der Getreideanbau nie eine große Rolle gespielt haben. Nachdem aber das Klima rauer wurde, verschwand der Anbau von Getreide im Norden und Osten gänzlich, im Westen und Süden nahm er deutlich ab, wurde aber weiter betrieben. Jedoch dürfte der bestandene Getreideanbau nicht den kompletten Bedarf der Bewohner an Getreide oder auch Mehl gedeckt haben und so spielte er deshalb eine wichtige Rolle für den Handel.[41] In der Grágás beispielsweise wird im 167. Kapitel das Gesetz niedergeschrieben, das besagt, dass man keine Ware von Schiffen aus dem Osten teurer kaufen darf, als es die drei Männer eines jeden Gaues vorgeben. Anhand dessen werden einige Waren angeführt, von denen diese drei Männer den Preis festlegen sollen, darunter wird neben Leinwand, Holz, Wachs und Teer auch Mehl erwähnt. *Þeir scolo leǥia lag a miól oc a lerept oc við oc vax oc tióro.*[42] ‚Sie sollen bestimmen den Preis von Mehl und von Gewebe und Holz und Wachs und Teer.'

Auch die Lagerung von Mehl wird in Sagas angegeben. So findet sich beispielsweise eine Stelle im 52. Kapitel der Eyrbyggja saga, in der Mehl gelagert wird. Dabei handelt es sich um die gleiche Passage der Saga wie jene, in der von der Lagerung von Dörrfisch berichtet wird. In dem einen Verschlag an der Türwand im Küchenraum wurde Dörrfisch gelagert, in dem anderen Mehl. *Var hlaðit skreið í annan, en mjǫlvi ín annan.*[43] ‚Es war aufgeschichtet Dörrfisch in der einen und Mehl in der anderen.'

---

[39] Vgl. Jenny Jochens, Women in Old Norse Society (Ithaca/New York u.a. 1995), 123.
[40] Egils saga, ed. Nordal, 75.
[41] Vgl. Kirsten Hastrup, Culture and History in medieval Iceland. An anthropological analysis of structure and change (Oxford 1985), 162f.
[42] Grágás, ed. Finsen, II., 72.
[43] Eyrbyggja saga, ed. Sveinsson / Þórðarson, 145.

Mehl wurde mitunter zum Brotbacken verwendet. Auch in der Literatur, nämlich in der Edda, findet sich die Erwähnung von Brot, wie etwa in der Rígsþula. Hier gibt es zwei Stellen, in denen davon berichtet wird, dass Ríg, der Ase, von dem diese Ballade handelt, Brot zu essen bekommen hat. Eine dieser Stellen findet sich in der bereits erwähnten vierten Strophe; in der Ríg zu den Eheleuten Ai und Edda kommt und von diesen anschließend versorgt wird. *Þá tóc Edda // øcqvinn hleif, // þungan oc þyccan, // þrunginn sáðom.*[44] ‚Da nahm Edda einen dicken Brotlaib, schwer und massig, durchsetzt mit Körnern.'

Die zweite Stelle, in der in dieser Ballade Brot aufgetischt wird, ist in der 31. Strophe zu finden. Hier wird Ríg ein Weizenbrot und kein grobes Brot, wie dies bei der zuvor zitierten Stelle der Fall war, vorgesetzt. So heißt es dort: *Hon tóc at þat // hleifa þunna, // hvíta af hveiti, // oc hulði dúc.*[45] ‚Danach nahm sie die dürren Brotlaibe, weiß von Weizen, und häufte das Tuch an.' Da Getreide aber nur in Maßen angebaut werden konnte, beziehungsweise Mehl teuer importiert werden musste, wurde Brot, meist in Form von Fladenbrot, nie zu einem Grundnahrungsmittel.[46]

Mehl wurde neben der Herstellung von Brot auch als Basis für Haferbrei und Grütze genommen.[47] Bei einer Grütze handelt es sich um eine Art Mehlbrei, angerührt wohl mit Wasser, Milch oder Molke.[48] In der Eyrbyggja saga etwa finden sich Stellen, in denen von Grütze die Rede ist. So wird im 13. Kapitel jener Saga dieser Mehlbrei serviert. *Þórdís bar innar grautartrygla á borð ok helt með á spánum.*[49] ‚Þórdís trug die Grützeschüsseln hinein an den Tisch und hatte auch Henkelgefäße dabei.'

Aus dem 39. Kapitel derselben Saga geht schließlich hervor, dass Grütze heiß gekocht worden sein dürfte. So wirft Arnbjǫrn Þorleif die Kelle, die für die Verarbeitung der Grütze benötigt wurde, nach, wodurch dieser aufgrund der heißen Kelle und Grütze am Hals verbrannt wurde.[50]

2.6 Pflanzliche Nahrungsmittel

Natürlich kannten und verzehrten die Bewohner des vergangenen Islands noch andere pflanzliche Nahrungsmittel als Getreide. Dabei muss aber festgehalten werden, dass es wohl nur

---

[44] Edda, ed. Neckel / Kuhn, 280.
[45] Ebd., 284.
[46] Vgl. Jochens, Women in Old Norse Society, 127.
[47] Vgl. Ebd.
[48] Vgl. Die Saga von den Leuten aus Eyr, ed. Böldl, 160.
[49] Eyrbyggja saga, ed. Sveinsson / Þórðarson, 24.
[50] Vgl. Ebd., 106.

eine bescheidene Anzahl von Pflanzen gab und verschiedene Arten von Gräsern als Hauptspezies galten.[51]

Wie bereits zu Beginn erwähnt, dürften Baum- und Erdfrüchte gegessen worden sein. Dies geht aus dem 17. Kapitel der Grágás hervor. An jener Textstelle wird über die Fastenzeit berichtet, und dass es in dieser gestattet ist, trockenes Essen zu speisen, worunter Gras sowie Baum- und Erdfrucht fallen. *Þat er þvrr matr. gras oc alldin. oc iarþar avoxtr allr.*[52] ,Das ist dürres Essen: Gras und Baumfrucht, und alle beerdigte Frucht.'

Neben Baum- und Erdfrüchten dürfte auch Lauch eine tragende Rolle gespielt haben. Unter anderem wird im Sigrdrífomál davon berichtet, dass einem ein Getränk niemals Schaden zuführt, wenn man es segnet und Lauch hinein wirft,. Von dieser Gegebenheit wird in der achten Strophe dieses Liedes berichtet.[53] Aber nicht nur im Sigrdrífomál wird Lauch erwähnt. Denn im 60. Kapitel der Laxdœla saga heißt es an einer Stelle, dass Guðrun ihre Söhne zu einem Gespräch bei ihrem Lauchgarten zusammenrief. *Fám nóttum síðar en Guðrún hafði heim komit, heimti hún sonu sína til máls við sik í laukagarð sinn.*[54] ,Wenige Nächte später als Guðrún nach Hause kam, holte sie ihre Söhne zu sich für ein Gespräch bei sich bei ihren Lauchgarten.'

Weitere pflanzliche Nahrungsmittel werden unter anderem in der Grágás angegeben. So verzehrten die Bewohner des vergangenen Islands auch Beeren und Tang. Dies geht etwa aus dem 186. Kapitel des altisländischen Gesetzestextes hervor, in dem davon berichtet wird, dass es nicht gestattet war, ohne Erlaubnis Beeren und Tang von einem fremden Grundstück zu entwenden und schließlich zu verspeisen. *Þat a maðr heimillt at éta i aꟜars landi ber oc söl. eꟜ vtlegð varðar iii. marca ef hann hevir abrott olofat.*[55] ,Es ist einem Mann zustehend in einem anderen Land zu essen Beeren und Tang, aber Geldstrafe unterliegt ihm von drei Marken, wenn er sich ohne Erlaubnis nimmt.'

Aber auch wenn die Vegetation im alten Island überschaubar war, waren pflanzliche Nahrungsmittel für die damalige Bevölkerung Islands ein wichtiger Bestandteil der Ernährung. Schließlich wusste man bereits darüber Bescheid, dass sie wichtige Vitamine beinhalten. So war es die Aufgabe der Frau, für die Beschaffung von Pflanzen wie Beeren, Moose, Tang oder Engelwurz zu sorgen.[56]

---

[51] Vgl. Hastrup, Nature and Policy in Iceland 1400-1800, 30.
[52] Grágás, ed. Finsen, I., 36.
[53] Vgl., Edda, ed. Neckel / Kuhn, 191.
[54] Laxdœla saga, ed. Sveinsson, 179.
[55] Grágás, ed. Finsen, II., 94.
[56] Vgl. Jochens, Women in Old Norse Society, 122.

3. Genussmittel Alkohol

Nachdem nun die wichtigsten Nahrungsmittel erörtert wurden, sollen auch alkoholische Getränke als Genussmittel vorgestellt werden. Vor allem in der Edda ist häufig die Rede vom Genuss von Met und Bier, aber auch Wein bleibt hier nicht unerwähnt. Hier sei aber natürlich zu beachten, dass Wein aufgrund des rauen Klimas auf Island wohl nicht angebaut werden konnte und somit, wenn er denn getrunken wurde, wohl teuer importiert werden musste. Ob dieser Import des Genussmittels aber stattgefunden hat, ist zu bezweifeln. Demnach handelt es sich bei der folgenden Bezugnahme auf Wein und Met bloß um eine literarische, basierend auf der Edda.

3.1 Bier

Im Gegensatz zu Met und Wein ist der Genuss von Bier auch außerhalb der Edda belegt. So wurde Bier mit Hilfe von Getreide gebraut.[57] Da aber der Getreideanbau nur spärlich betrieben werden konnte, war der Genuss von Bier nicht alltäglich, jedoch spielte er eine wichtige Rolle bei speziellen Anlässen und Festen, wie etwa bei Hochzeiten. Bei derartigen Anlässen wurde schließlich in Massen getrunken.[58]

Die Erwähnung von Bier ist zum Beispiel in der Hávamál oder dem Sigrdrífomál zu finden. So geht etwa aus der 83. Strophe der Hávamál – die Sprüche angibt, was zu tun sei – hervor, dass es angebracht sei, am Feuer Bier zu trinken.[59] Neben dieser Textstelle der Hávamál sind auch mehrere im Sigrdrífomál zu finden, die die Lust und Bedeutung des Bierkonsums auf Island hervorheben. Dabei soll die fünfte Strophe hervorgehoben werden, denn hier spricht Sigrdrífa zu Sigurðr, sie gebe ihm Bier, gefüllt mit Macht und Ruhm. *Biór fœri ec þér, // brynþings apaldr, // magni blandinn // oc megintíri.*[60] ‚Bier bringe ich dir, Brünnenthings Apfelbaum, gemischt mit Macht und mächtigem Ruhm.‘

Das heißt also, Bier wurde vor allem zu festlichen Anlässen getrunken und schaffte demnach Geselligkeit. Zugleich aber dürften derartige Festlichkeiten mitunter auch stark ausgeartet sein, weil es sodann üblich war, ohne Halt zu trinken, da Alkohol aufgrund mangelnder Ressourcen nicht in Massen hergestellt werden und demnach nicht tagtäglich getrunken werden konnte.

---

[57] Vgl. Jochens, Women in Old Norse Society, 127.
[58] Vgl. Ebd., 106.
[59] Vgl. Edda, ed. Neckel / Kuhn, 30.
[60] Ebd., 190.

16

3.2 Met und Wein

Neben Bier spielen in der Edda auch Met und Wein eine wichtige Rolle. So finden sich etwa in der Rígsþula und im Sigrdrífomál Stellen, an denen der Genuss von Wein erwähnt wird. In der bereits erwähnten 32. Strophe der Rígsþula wird neben Speck und gebratenen Vögeln auch Wein in einer Kanne serviert.[61] In der 29. Strophe des Sigrdrífomál wird schließlich davon berichtet, dass Wein so manchem schon den Verstand geraubt hat. So steht dort geschrieben: *Druccinn deila // scalattu við dólgviðo, // margan stelr vín viti.*[62] ‚Betrunken sollst du nicht mit Kampfesbäume streiten, manchen stiehlt der Wein den Verstand.'

Im Gegensatz dazu wird von Met stets als edler Tropfen gesprochen. Er dürfte wohl als etwas sehr Kostbareses und Vortreffliches angesehen worden sein. In der Edda finden sich mehrere Stellen, die dies untermauern. Zum einen ist in der 105. Strophe der Hávamál vom kostbaren Met die Rede[63], zum anderen wird in der 18. Strophe des Sigrdrífomáls vom heiligen Met geschrieben.[64] Auch in der 13. Strophe der Grímnismál wird Met als etwas sehr Edles beschrieben, so wird er hier mit vortrefflich attribuiert. *Þar vorðr goða // dreccr í væro ranni, // glaðr, inn góða mioð.*[65] ‚Dort trinkt der Wächter der Götter in freundlichem Haus, heiter, hinein den vortrefflichen Met.'

Auch wenn bezweifelt werden muss, dass im vergangenen Island des Öfteren tatsächlich Met – wie auch Wein – getrunken wurde, zeigt sich durch diese Darstellungen, dass er einen sehr hohen Stellenwert besaß. So wird er in der Edda stets mit außergewöhnlichen Attributen – wie eben „kostbar", „heilig" oder „vortrefflich" – versehen.

4. Nahrungsmittelbeschaffung

Nachdem nun die zentralsten Nahrungsmittel des vergangenen Islands angegeben und erläutert wurden, soll nun die Nahrungsmittelbeschaffung in den Mittelpunkt rücken. Wie bereits aus dem zuvor Erwähnten hervorgeht, wurden Nahrungsmittel wie Beeren, Tang und andere pflanzliche Nahrungsmittel oder auch Eier gesucht und gesammelt. Des weiteren wurden Nahrungsmittel, wie etwa Mehl sowie Rentier- und Hirschfleisch, importiert. Außerdem wurden Getreide und Gemüse, sofern es möglich war, angebaut. Das heißt Sammeln, Import und Ackerbau waren drei wichtige Arten von Nahrungsmittelbeschaffung. Jedoch waren sie, obgleich ihrer Wichtigkeit für die Vitaminversorgung, nicht die wichtigsten Säulen der Nah-

---

[61] Vgl. Edda, ed. Neckel / Kuhn, 284.
[62] Ebd., 195.
[63] Vgl. Ebd., 33.
[64] Vgl. Ebd., 193.
[65] Ebd., 60.

rungsmittelbeschaffung, da sie nicht den ganzen Bedarf der Bevölkerung decken konnten. Denn so gab es bloß einen überschaubaren Getreidebestand, der sogar noch dazu aufgrund klimatischer Veränderungen stark zurück ging. Import war schließlich eine Möglichkeit, dies zu kompensieren. Jedoch konzentrierte man sich aufgrund dessen, dass der Anbau von Pflanzen eher spärlich ausfiel, auf die Viehhaltung.[66] Neben der Viehzucht stellten die Jagd und vor allem der Fischfang die drei wichtigsten Säulen der Nahrungsmittelbeschaffung im vergangenen Island dar, auf die nun in der Folge eingegangen wird.

4.1 Viehzucht

Viehzucht spielte im vergangenen Island eine sehr wichtige Rolle. Vor allem, nachdem der Viehbestand ausreichend vermehrt war, sodass das Schlachten eines Viehs ihn nicht allzu sehr dezimierte. Ab diesem Zeitpunkt war Viehzucht nicht mehr wegzudenken. Schließlich bekamen die Bauern von ihrem Nutzvieh, wie aus dem bereits Erwähnten hervorgeht, neben Fleisch auch Eier von Hühnern, die selbst auch verzehrt werden durften, und auch Milch. Als Nutzvieh hielten die Bauern etwa Kleinvieh, wie Ziegen und Schafe, aber auch Schweine, Rinder und Pferde. Pferde durften, wie bereits erläutert, bis zur Christianisierung verzehrt werden, danach war dies verboten. Die Präsenz von Schweinen nahm aber im 11. und 12. Jahrhundert sehr stark ab und spielte anschließend keine wesentliche Rolle mehr. Hingegen auffallend ist, dass speziell die Caprini – die Gattung der Ziegenartigen, worunter neben Ziegen auch Schafe fallen – zum dominierenden Nutzvieh wurden, wie dies aus Knochenfunden hervorgeht.[67] Neben den Caprini wurde auch das Rind zu einem tragenden Nutztier, das wie die Caprini neben Fleisch auch zusätzlich Milch abgab.[68] Dabei wurde die Milch von den Kühen, Schafen und Ziegen verzehrt oder weiter verarbeitet, wie etwa zu Käse oder zur isländischen Spezialität Skyr.

Es zeigt sich also, dass die Bewohner des damaligen Islands vor allem Selbstversorger waren. Bauern waren schließlich in der Lage, Nahrungsmittel – vor allem durch Viehzucht – zu produzieren. Die Landwirtschaft ist deshalb ein wesentlicher Bestandteil des vergangenen Islands. So war die Nutztierhaltung sehr wichtig. Dies zeigt sich auch dadurch, dass die gesamte isländische Gesellschaft in ihrer politischen und sozialen Struktur der alten norwegischen bäuerlichen Gesellschaft sehr ähnlich war.[69] Es handelte sich also damals um eine

---

[66] Vgl. Hastrup, Culture and History in medieval Iceland, 163f.
[67] Vgl. Vésteinsson / McGovern / Keller, Enduring Impacts, 109f.
[68] Vgl. Guðrún Sveinbjarnardóttir, Farm Abandonment in Medieval and Post-Medieval Iceland: an Interdisciplinary Study (= Oxbow Monograph 17; Oxford 1992), 7.
[69] Vgl. Meulengracht Sørensen, Social institutions and belief systems of medieval Iceland (c. 870-1400) and their relations to literary production., 21.

durchwegs bäuerliche Gesellschaft. Dieser Umstand zeigt sich auch darin, dass bis in das 18. Jahrhundert keine städtische Besiedlung auf Island stattfand.[70]

4.2 Jagd

Neben der Viehzucht war die Jagd ebenfalls eine sehr wichtige Art der Nahrungsbeschaffung. So aßen die damaligen Bewohner neben den domestizierten Tieren oder dem importierten Rentier- und Hirschfleisch auch Bären, Seehunde, Walrosse und Vögel. Dabei handelt es sich allesamt um Tiere, die gejagt werden mussten. Aus dem 14. Kapitel der Grágás, in der vom Jagen in den Feiertagen die Rede ist, geht etwa hervor, dass Eisbären gejagt wurden und dies auch zur Fastenzeit erlaubt war, wie dies folgende Textstelle belegt: *Hvita biorn eigv meɴ at taka.*[71] ‚Eisbär darf man ergreifen.‘ Bären wurden dabei wohl gewöhnlich im Kollektiv mit zeitgenössischen Waffen, wie etwa einer Axt, gejagt.[72]

Wie Bären durften auch Walrosse an Feiertagen erlegt werden, wie dies im Anschluss derselben Stelle geschrieben steht. *Rösmhval eigv meɴ at veiþa.*[73] ‚Walross ist man gestattet zu jagen.‘

Dass auch Vögel gejagt wurden, geht etwa aus der anschließenden Passage der Grágás desselben Kapitels hervor, da auch sie zu den Feiertagen gejagt werden durften, sofern sie mit der Hand ergriffen werden konnten. *Fogla eigv meɴ at veiþa [...] fiaþr sára ef hondvm ma taka.*[74] ‚Der Vögel ist man gestattet zu jagen, flugunfähige, wenn sie mit den Händen ergriffen werden.‘

Die Vogeljagd spielte generell vor allem zu Beginn der Landnahme eine wichtige Rolle.[75] So handelt es sich etwa bei den im Süden Islands aus dem 9. und 10. Jahrhundert gefundenen Knochen vorwiegend um Vogelknochen. Neben der Vielzahl von Vogelknochen wurden aber auch Walross- und Seehundknochen, wenn auch nicht in derartigen Massen, gefunden.[76]

Eine Stelle in den Sagas, die von Seehundjagd berichtet, findet man etwa im bereits erwähnten 29. Kapitel der Egils saga[77] oder auch im 24. Kapitel der Laxdœla saga, in dem es von einem bestimmten Land auf Island heißt, dass es sehr nützlich ist, da man dort sehr gut

---

[70] Vgl. Rohrbach, Der tierische Blick, 38.
[71] Grágás, ed. Finsen, I., 31.
[72] Vgl. Hastrup, Nature and Policy in Iceland 1400-1800, 250.
[73] Grágás, ed. Finsen, I., 31.
[74] Ebd., 32.
[75] Vgl. Rohrbach, Der tierische Blick, 36.
[76] Vgl. Vésteinsson / McGovern / Keller, Enduring Impacts, 111.
[77] Vgl. Egils saga, ed. Nordal, 75.

Lachsfang wie auch Seehundjagd betreiben kann. *Miklar laxveiðar ok selveiðar fylgðu þar.*[78]
‚Viele Lachsfänge und Seehundjagden gehörten dort dazu.'

4.3 Fischfang

Neben den Säugetier- und Vogelknochen wurde auch eine hohe Anzahl von Fischgräten, vor allem im Norden, gefunden.[79] Der Fischfang spielte demnach ebenfalls eine sehr wesentliche Rolle und war eine wichtige Stütze für die Bauern und deren Landwirtschaft.[80] So war er im vergangenen Island stets präsent, schließlich war auch reichlich Fisch vorhanden, wie dies aus dem bereits erwähnten 2. Kapitels der Laxdœla saga – in dem es heißt, Fischen sei zu jeder Jahreszeit möglich[81] – hervorgeht.

Es finden sich generell in den Sagas sehr viele Stellen, die auf Fischfang verweisen, wie etwa auch im elften Kapitel der Eyrbyggja saga. So heißt es dort von einem mächtigen Mann, Þorsteinn, dass er sehr fleißig war und obwohl er 60 Mann hatte, selbst noch auf Fischfang aufbrach.[82]

Fische dürften für gewöhnlich mit einem Netz oder einer Angel gefangen worden sein, ebenso wurden sie aber auch mit Hiebwaffen erjagt oder mit der Hand gefangen. Dies geht aus der folgenden Passage des 14. Kapitel der Grágás hervor, in der es heißt, dass es bei den hohen Feiertagen gestattet war zu fischen, wenn ein Landgang vorherrschte. Jedoch durften die Fische hier nicht wie üblich mit dem Netz oder der Angel ergriffen werden. *Þa er landgangr at. ef meɴ havɢva havɢiarnvm eþa taka hondvm. Eigi scal net hafa viþ ne avngla.*[83] ‚Dann ist es Landgang, wenn man sie mit Hiebwaffen erschlägt oder mit den Händen ergreift. Weder sollen Netze genommen werden, noch Angeln.'

4.3.1 Walfang

Wie bereits erwähnt wurde der Wal im vergangenen Island als Fisch klassifiziert und soll deshalb im Zuge des Fischfangs erläutert werden. Dass Wale gegessen wurden, zeigen bereits einige Stellen dieser Arbeit, wie etwa das 29. Kapitel der Egils saga oder das zweite Kapitel der Laxdœla saga. Wo in der besagten Stelle der Laxdœla saga die Rede davon ist, dass reichlich Wale an Land getrieben werden, so wird in der Egils saga explizit von Walfang berichtet.

---

[78] Laxdœla saga, ed. Sveinsson, 67.
[79] Vgl. Vésteinsson / McGovern / Keller, Enduring Impacts, 111.
[80] Vgl. Sveinbjarnardóttir, Farm Abandonment in Medieval and Post-Medieval Iceland, 7.
[81] Vgl. Laxdœla saga, ed. Sveinsson, 5.
[82] Vgl. Eyrbyggja saga, ed. Sveinsson / Þórðarson, 18.
[83] Grágás, ed. Finsen, I., 32.

Schließlich heißt es an jener Stelle, dass an einem besagten Ort in der Nähe eines Gehöfts von Egil das Schießen von Walen sehr einfach war.

Ein Geschoss dürfte aus Holz und Eisen bestanden haben. So heißt es im 215. Kapitel der Grágás, dass derjenige das Recht auf einen Anteil des Walfleisches hatte, nebst dem Besitzer des Strandes, an dem der Wal an Land trieb, dessen Geschoss für den Wal tödlich war. Fanden sich mehrere Geschosse im Wal, so wurde untersucht, welches Geschoss wohl tödlich gewesen war und wem dieses gehörte. Folglich bedeutet dies auch, dass derartige Geschosse einzigartige Merkmale gehabt haben dürften. So heißt es an jener Stelle der Grágás:

> *En ef fleire scot ero ihualnom oc eignaz ör þvi eino scote er at bana hevir orðit oc sýnt*
> *er at lögbergi með hinom somom morkom atre eða a iárne hvártz á eiɴ maðr eþa fleire*
> *scotit.*[84] ‚Und wenn mehrere Geschosse in den Walen sind, und gehört einem der Pfeil,
> so eins das Geschoss zum Tod geführt hat, und zeigt es vor am Gesetzesfelsen mit jenen
> selben Kennzeichen von Holz oder von Eisen ob von einem Mann oder mehreren das
> Geschoss ist.'

4.3.2 Waltrift

Aber Wale mussten nicht immer erjagt werden. Viele Wale dürften auch bloß gestrandet sein. Dies machten sich schließlich die Bewohner Islands zu Nutze. Wie präsent dieses Phänomen des Waltrifts – also das Antreiben eines Wales – gewesen sein dürfte, geht aus der Grágás hervor. So sind dort einige Gesetze zu finden, wie mit einem gestrandeten Wal umzugehen sei. Der nach Grágás hat schließlich der Strandbesitzer das Recht auf den angetriebenen Wal, sofern, wie zuvor erwähnt, kein Geschoss in ihm steckt. Andernfalls hat auch der Jäger des Wals das Recht auf ein Stück von ihm. Im Grunde aber gilt, dass jegliches Strandgut, dazu zählen auch Holz, Seehunde und Fische, dem Landbesitzer gehört. Jene Textstelle ist im 209. Kapitel der Grágás zu finden. *Hverr maðr a reka fyrir lande sino viðar oc selu oc huala oc fisca nema.*[85] ‚Jeder Mann darf nehmen, das vor seinem Land antreibt, Holz und Seehunde und Wale und Fische.'

Im dritten Kapitel der Hávarðs saga wird genau eine derartige Situation beschrieben, in der ein Wal strandet und ein Streit darüber ausbricht, wer nun das Recht hat, den Wal zu zerlegen und zu essen. Das Problem, das zu diesem Streit führt, ist, dass beide Männer, also sowohl Þorbjörn als auch Havarðr über den Besitz des Strandes verfügen. *Þat er þessu nœst at*

---

[84] Grágás, ed. Finsen, II., 130.
[85] Ebd., 123.

segja, at hvalr kemr í Ísafjörð. Þeir Þorbjörn ok Hávarðr áttu reka at tveim megin.[86] ‚So ist als nächstes zu sagen, dass ein Wal am Ísafjörð antrieb. Sie, Þorbjörn und Hávarðr, betreiben das Gebiet beiderseits.'

Diese Passage streicht also heraus, wie präsent ein Waltrift war. Außerdem wird durch diesen Streit deutlich, dass ein gestrandeter Wal eine große Bedeutung für die Bewohner des vergangenen Islands hatte, schließlich gewann man mit einem Wal einen mächtigen Vorrat an Nahrung für sich.

---

[86] Hávarðs saga Ísfirðings, ed. Valdimar Ásmundarson (= Íslendinga sögur 14; Reykjavik 1896), 9.

5. Nachwort

Diese Arbeit hat nun gezeigt, welche Nahrungsmittel im vergangenen Island verzehrt wurden und wie die Menschen für deren Beschaffung sorgten. Zuerst wurden die Nahrungsmittel klassifiziert. So wurde Fleisch sowohl von gehaltenem Vieh wie auch von Wildtieren verzehrt. Pferde aber durften nach der Christianisierung nicht mehr gegessen werden, so wie auch Schweine, die Pferde- oder Menschenfleisch fraßen; denn diese mussten zuerst abgemagert werden um sie anschließend wieder mästen und schließlich verzehren zu dürfen. Auch kannte man bereits Speck und Schinken.

Fisch und Wale stellen den nächsten großen Nahrungsmittelbereich dar. Geflügel und Eier wurden schließlich auch verzehrt, wobei nicht alle Vögel gegessen werden durften und auch nur die Eier von den Vögeln, die man selbst verzehren durfte. In der Grágás wurden neben Vögeln, die auf dem Wasser schwimmen, explizit Hühner und Schneehühner erwähnt, die zum Verzehr erlaubt waren.

Des weiteren wurden in der Arbeit Milchprodukte behandelt. Neben Milch von Rindern und Kleinvieh gab es auch Käse, Butter, saure Milch und die isländische Spezialität Skyr. Brot, und demnach schließlich auch Getreide und Mehl, waren im vergangenen Island ebenfalls präsent. Jedoch dürfte der Getreideanbau nicht den Konsum auf Island gedeckt haben, da es zu Mehlimport gekommen war. Als rein pflanzliche Nahrungsmittel aßen die Isländer der vergangenen Zeit Baum- und Erdfrüchte. Genauere Auskunft gibt es vom Verzehr von Lauch, beziehungsweise vom Vorhandensein eines (wortwörtlichen) Lauchgartens. Daneben wurden auch Beeren, Tang, Moose und Engelwurz verspeist, um zu Vitaminen zu kommen. Zu guter Letzt wurden noch alkoholische Getränke vermerkt. So wurde etwa Bier auf Island bereits gebraut. Die Erwähnung von Wein und Met, dem eine große Bedeutung zugeschrieben wurde, findet dagegen vor allem in der Edda statt, wodurch der Konsum dieses Alkohols nicht bestätigt werden kann.

Nach dieser Auflistung von Nahrungsmitteln mit Belegen aus Originaltexten der Edda, Sagas und der Grágás wurde schließlich die Nahrungsmittelbeschaffung thematisiert. Neben Sammeln von zum Beispiel Eiern und Beeren, Ackerbau und Import sind vor allem die drei Säulen Viehzucht, Jagd und Fischfang erläutert worden. Hierdurch sollte schließlich vor allem die Wichtigkeit von Viehzucht und Fischfang, aber auch jene der Jagd, vor allem zu Beginn der Landnahme, hervorgegangen sein.

Zusammengefasst war das Ziel dieser Arbeit, einen Überblick über die Welt der Nahrungsmittel, deren Beschaffung und der dazugehörenden Gesetze, die anhand der Erwähnung gewisser Nahrungsmittel angegeben wurden, im alten Island zu geben und dies mit Hilfe von originalen Textstellen der altisländischen Literatur zu belegen. Demnach geht schließlich hervor, dass trotz der Abgeschiedenheit Islands, durch das reichliche Vorhandensein vor allem tierischer Nahrungsmittel wie von Fisch und Nutztieren, und durch die Kontakte zum Festland, wodurch unter anderem Mehl importiert wurde, ein Leben zu jener Zeit auf dieser Insel wohl gut bewältigbar war.

6. Bibliographie

Primärliteratur

Edda. Die Lieder des Codex Regius nebst verwandten Denkmälern, ed. Gustav Neckel / Hans Kuhn (Heidelberg ⁵1983).

Egils saga Skalla-Grímssonar, ed. Sigurður Nordal (= Íslenzk fornrit 2; Reykjavik 1933).

Eyrbyggja saga. Brands Þáttr Qrva. Eiríks Saga Rauða. Grœnlendinga Saga. Grœnlendinga Þáttr, ed. Einar Sveinsson / Matthías Þórðarson (= Íslenzk fornrit 4; Reykjavik 1935).

Grágás. Islændernes lovbog i fristatens tid, I-II [Konungsbók], ed. Vilhjálmur Finsen (Kopenhagen/Odense ²1974).

Grettis saga, ed. Valdimar Ásmundarson (= Íslendinga sögur 28; Reykjavik 1900).

Hávarðs saga Ísfirðings, ed. Valdimar Ásmundarson (= Íslendinga sögur 14; Reykjavik 1896).

Laxdœla saga. Halldórs Þættir Snorrasonar. Stúfs Þáttr, ed. Einar Sveinsson (= Íslenzk fornrit 5; Reykjavik 1934).

Ljósvetninga saga. Með Þáttum. Reykdœla saga ok Víga-Skútu. Hreidars Þáttr, ed. Björn Sigfússon (= Íslenzk fornrit 10; Reykjavik 1940).

N. Mohr, Forsøg til en Islandsk Naturhistorie, med adskillige oekonomiske samt andre Anmerkninger (Kopenhagen 1786).

Vatnsdœla saga. Hallfreðar saga, Kormáks saga. Hrómundar Þáttr Halta, Hrafns Þáttr Guðrúnarsonar, ed. Einar Sveinsson (= Íslenzk fornrit 8; Rykjavik 1939).

Sekundärliteratur

Cornelia Weinmann, Haus und Hof auf Island in der Wikingerzeit und im Mittelalter (literarische und archäologische Quellen). In: Haus und Hof in ur- und frühgeschichtlicher Zeit. Bericht über zwei Koloquien der Kommission für die Altertumskunde Mittel- und Nordeuropas vom 24. bis 26. Mai 1990 und 20. bis 22. November 1991 (34. und 35. Arbeitstagung). Gedenkschrift für Herbert Jankuhn, ed. Heinrich Beck / Heiko Steuer (= Abhandlungen der Akademie der Wissenschaften in Göttingen. Philologisch-Historische Klasse, dritte Folge 218; Göttingen 1997).

Guðrún Sveinbjarnardóttir, Farm Abandonment in Medieval and Post-Medieval Iceland: an Interdisciplinary Study (= Oxbow Monograph 17; Oxford 1992).

Jenny Jochens, Women in Old Norse Society (Ithaca/New York u.a. 1995).

Kirsten Hastrup, Culture and History in medieval Iceland. An anthropological analysis of structure and change (Oxford 1985).

Kirsten Hastrup, Nature and Policy in Iceland 1400-1800. An Anthropological Analysis of History and Mentality (Oxford 1990).

Lena Rohrbach, Der tierische Blick. Mensch-Tier-Relationen in der Sagaliteratur (= Beiträge zur Nordischen Philologie 43; Tübingen und Basel 2009).

Orri Vésteinsson / Thomas H. McGovern / Christian Keller, Enduring Impacts: Social and Environmental Aspects of Viking Age Settlement in Iceland and Greenland. In: Archaeologica Islandica 2 (2002).

Preben Meulengracht Sørensen, Social institutions and belief systems of medieval Iceland (c. 870-1400) and their relations to literary production. In: Old Icelandic Literature and Society, ed. Margaret Clunies Ross (= Cambridge studies in medieval literature 42; Cambridge 2000).

Spezialliteratur

Die Saga von den Leuten auf Eyr. Eyrbyggja saga, ed. Klaus Böldl (= Saga. Bibliothek der altnordischen Literatur. Island - Literatur und Geschichte; München 1999).